Raphael Schicktanz

Warum die Zahl an AD(H)S Erkrankter steigt

Ursachen und Folgen von ADHS

GRIN Verlag

Bibliografische Information der Deutschen Nationalbibliothek:

Die Deutsche Bibliothek verzeichnet diese Publikation in der Deutschen National-
bibliografie; detaillierte bibliografische Daten sind im Internet über http://dnb.d-
nb.de/ abrufbar.

Impressum:

Copyright © 2012 GRIN Verlag GmbH
Druck und Bindung: Books on Demand GmbH, Norderstedt Germany
ISBN: 978-3-656-35314-0

Dieses Buch bei GRIN:

http://www.grin.com/de/e-book/207708/warum-die-zahl-an-ad-h-s-erkrankter-steigt

■ Hausarbeit
Zum Modul I/2.1 Einführung in wissenschaftliches Arbeiten, Forschungsmethoden und Statistik

.

B.A. Bildung & Erziehung (dual)
Raphael Schicktanz

Steigende Anzahl an AD(H)S Erkrankungen

Abgabedatum: 12.12.12

■ Wintersemester 2012/13

Inhaltsverzeichnis

1 Einleitung

Eine gemeinsame Forschungsarbeit von Wissenschaftlern der deutschen Ruhr-Universität Bochum und der schweizerischen Universität Basel zeigt, dass zwischen den Jahren 1989 und 2001 die Anzahl der ADHS Diagnosen in der klinischen Praxis um 381 Prozent stieg. Laut der Techniker Krankenkasse hat sich im gleichen Zeitraum die Verschreibung von typischen ADHS Medikamenten wie Ritalin verneunfacht. Des Weiteren bestätigt die Techniker Krankenkasse anhand ihrer Patientendaten, dass 2009 im Vergleich zu 2006 32 Prozent mehr Arzneimittel der Klasse Ritalin verschrieben wurden. Im Jahr 1993 wurden 34 Kg Methylphenidat (Ein Wirkstoff, der unter anderem in Ritalin enthalten ist) in deutschen Apotheken erworben. 2009 waren es bereits 1735 Kg Methylphenidat. Sind immer mehr Kinder aufgrund der aktuell hohen Leistungserwartungen und der stetig wachsenden kognitiven Förderungen davon betroffen, oder wird es häufiger fälschlicherweise diagnostiziert? Diese Frage wird in der folgenden Hausarbeit untersucht.

2 Definition und Folgen von AD(H)S

2.1 Definition ADS und ADHS

Aufmerksamkeitsdefizitstörung (im folgenden Text ADS genannt) wird durch folgende Symptome erkannt: Das Kind ist sehr vergesslich, impulsiv, findet sich oftmals nicht in größeren Gruppen, die unter anderem im Kindergarten oder in der Schule gegeben sind zurecht und weist eine deutlich geringere Konzentrationsspanne auf als andere gleichaltrige Kinder. Des öfteren kommt zu diesen Symptomen noch eine Hypoaktivität. Davon betroffene Kinder wirken oft verträumt.

Aufmerksamkeitsdefizit- Hyperaktivitätsstörung (im folgenden Text ADHS genannt) weist die gleichen Symptome wie ADS auf, jedoch kommt eine Hyperaktivitätsstörung hinzu, die sich in aggressiven Verhalten, einer lang anhaltenden Trotzphase und Stimmungsschwankungen widerspiegelt. (vgl. Helmut Wolschner 2010 online)

2.2 Folgen von ADS und ADHS

Aufgrund der oben genannten Symptome ist das Sozialverhalten der Kinder mit ADHS gestört. „Das Verhalten der Kinder ist oft nicht vorhersehbar und kann sich in Aggressionen äußern." (Helmut Wolschner 2010 online) Dies kann unter Umständen dazu führen, dass die Kinder sozial isoliert werden. In der Schule sind betroffene Kinder oft leistungsschwach. (vgl. Helmut Wolschner 2010 online)

2.3 Entstehung von ADS und ADHS

ADS und ADHS entsteht im Gehirn. Das Gehirn von Betroffenen ist nicht in der Lage, Informationen und Reize zu sortieren und Impulse zu hemmen. Betroffene können demnach nur schwer, die Informationen und Reize der Umgebung richtig zu interpretieren und nach Relevanz zu sortieren. Sie nehmen beispielsweise das Kratzen des Bleistiftes auf dem Papier gleichermaßen wahr wie das Sprechen der Lehrer, während andere Kinder das Kratzen des Bleistiftes als unwichtig empfinden und deshalb nicht mehr wahrnehmen. Aufgrund dieser Tatsache sind betroffene Kinder permanent unter Stress und überfordert. (vgl. Definition Helmut Wolschner 2012 online)

3 Mögliche Ursachen der Fehldiagnosen

3.1 Überforderung der Kinder

Diese Tatsache kann mehrere Ursachen haben. Eine Möglichkeit wäre die extreme Frühförderung bei Kleinkindern, unter anderem aufgrund der PISA Studien. Von ihnen wird bereits im Kindesalter viel Leistung erwartet. Von Fremdsprachenkursen bis hin zur Physik und Chemie für Kinder ab drei Jahren ist heutzutage alles vertreten. (siehe www.FasTracKids.de) Das Argument für die Frühförderung lautet: „Untersuchungen haben gezeigt, dass sich das Gehirn in den ersten acht Lebensjahren sehr schnell entwickelt. Wir haben also nur ein kleines Fenster, um eine solide Grundlage mittels hochqualitativer frühkindlicher Bildung zu schaffen." (fastrackids online) Aufgrund der Vielfalt der Angebote, die aktuell bestehen, wird bei einigen Eltern, die keine oder wenige dieser Angebote nutzen, ein schlechtes Gewissen ausgelöst. (Klaus Werle, dcpt.tv online) Dadurch können Kinder überfordert werden, was eben zu einigen ADS Symptomen führen kann.

3.2 Globalisierung und der damit zusammenhängende Leistungsdruck

Eine weitere Möglichkeit wäre die Globalisierung, die bewirkt, dass „schon bei Kleinkindern Arbeitnehmer-Kompetenzen abgefragt" werden (Barbara Galaktionow 2011 online) Aufgrund des „Wettbewerbs durch Globalisierung" (Felicitas Römer (2011) in Barbara Galaktioniow (2011) online) werden Kinder heutzutage selbst beim Spielen beobachtet und müssen dort bestimmte Normen erfüllen. Um später auf dem Arbeitsmarkt erfolgreich zu sein, muss man konkurrenzfähig sein, was aufgrund der Globalisierung immer schwerer wird. Man hatte beispielsweise in den 90er Jahren mit einem guten Realschul- oder Hauptschulabschluss durchaus gute Chancen auf einen Arbeitsplatz. Heute ist es viel schwieriger. „Abitur gilt heute als Maß aller Dinge". (Felicitas Römer (2011) in Barbara Galaktioniow (2011) online) Um auf diese Ziele zu steuern, werden Kinder bereits im Kleinkindalter gefördert, um es später in der Schule einfacher zu haben. Ob dies wirklich der Fall ist und ob diese Förderung den versprochenen Effekt bringt, ist jedoch noch unklar.

3.3 Das Einschulungsalter

Ebenso spielen der Geburtsmonat sowie das Geschlecht des Kindes eine Rolle. Der Geburtsmonat spielt insofern eine Rolle, dass Kinder, um eingeschult zu werden, bis zu einem bestimmten Stichtag ein bestimmtes Alter, je nach Bundesland zwischen fünf und sieben Jahren, erreicht haben müssen. So kann es sein, dass zwischen den Kindern innerhalb einer Klasse ein Altersunterschied von bis zu einem Jahr bestehen kann. Dies hat entsprechende Auswirkungen auf das Verhalten der Kinder. Ein Kind im Alter von sechs Jahren ist in der Regel reifer und auch sportlicher, als ein Kind im Alter von fünf Jahren, da es in seiner Entwicklung ein Jahr weiter ist, als das andere Kind. Dieses altersabhängige, unreife Verhalten, was sich unter anderem durch Unkonzentriertheit und Bewegungsdrang äußern kann, kann von Eltern und Lehrern falsch aufgefasst werden. Man kann, wenn man dies nicht berücksichtigt, auf Entwicklungs- oder Hirnschäden schließen, was nicht der Fall sein muss. (vgl. Axel Bojanowski 2012 online)

3.4 Das Geschlecht

Des Weiteren kann auch das Geschlecht eine Rolle spielen: „Leon hat ADHS, Lea nicht". (Ruhr-Universität Bochum 2012 online) Das Ergebnis wurde unter diesem provokanten Titel in der Untersuchung der Ruhr-Universität Bochum veröffentlicht. In ihrer Untersuchung wurden unterschiedliche Symptome und Umstände geschildert. Es waren vier verschiedene Situationen und das Geschlecht der „Patienten" wurde variiert. Dadurch entstehen acht verschiedene Fälle. Aus den Ergebnissen wird deutlich, dass bei Jungen mit der exakt gleichen Situation wie bei Mädchen, eher ADHS diagnostiziert wird. Die Ursache dafür ist bisher noch nicht geklärt. Eine mögliche Ursache wäre die unterschiedliche Ausprägung der Symptome bei beiden Geschlechtern: Bei Jungen äußert sich ADHS häufiger durch Hyperaktivität und impulsives Verhalten, bei Mädchen durch Verträumtheit und Unkonzentriertheit – Daher wird es bei Mädchen möglicherweise auch seltener erkannt. (vgl. Bojanowski 2012 online) Ebenso spielt das Geschlecht des Ärzte eine Rolle. „Männliche Ärzte diagnostizierten häufiger ein ADHS als weibliche" (Ruhr-Universität Bochum 2012 online)

4 Folgen von Fehldiagnosen

4.1 Langzeitfolgen von Medikamenten

Zum Einen hat die dauerhafte Einnahme von Medikamenten, wie zum Beispiel Ritalin, unter Umständen Nebenwirkungen. Ritalin enthält den Wirkstoff Methylphenidat und gehört pharmakologisch zur Gruppe der Amphetamine. Wie alle Amphetamine erhöht auch Ritalin den Blutdruck, was im Falle von nicht festgestellten Herzstörungen oder hohem Blutdruck schwerwiegende Folgen haben kann, wie zum Beispiel Herzfunktionsstörungen. Die Folgen von Ritalin auf das menschliche Gehirn wurden nach über 50 Jahren, in denen Ritalin zur Behandlung von ADHS eingesetzt wird, noch nicht erforscht. Des Weiteren „unterdrückt der Wirkstoff Methylphenidat belastende Gefühle wie Selbstzweifel, Konkurrenz, Versagensängste, Einsamkeit und Scham, aber auch positive Emotionen wie Freude, Zuneigung oder Kreativität" (Judith Barben (2006) online) Dadurch erlernen die Patienten den selbstständigen Umgang mit diesen Gefühlen nicht, was bei Absetzen des Medikaments zu erheblichen Schwierigkeiten in deren Leben führen kann. Über diese genauen Folgen gibt es ebenfalls keine Untersuchungen.

4.2 Auswirkungen auf das Leben der „Patienten" mit Fehldiagnose

Auch zu den Folgen von Fehldiagnosen, bei nicht an ADHS erkrankten Menschen, gibt es derzeit noch keine empirischen Untersuchungen. Es wurde bisher noch nicht untersucht, ob eine solche Fehldiagnose Auswirkungen auf das soziale Verhalten, die Entwicklung oder den Freundeskreis hat, wobei man davon ausgehen muss, dass sich durch eine solche Diagnose einiges im Leben der Patienten ändert.

5 Bedeutung für die Berufspraxis

Der Umgang mit ADHS Kindern wird dadurch erschwert, dass es oft nicht oder falsch diagnostiziert ist. Sollte man bei einem Kind die typischen ADHS Symptome feststellen bedeutet es nicht direkt, dass dieses Kind es auch hat. Es kann auch von der Laune des Kindes abhängen, sofern dies nicht regelmäßig so ist. Beobachtet man jedoch regelmäßig diverse Symptome bei Kindern, sollte man die Eltern unbedingt darauf ansprechen, um mit Hilfe einer Untersuchung Klarheit zu schaffen. Sollte dieses Kind ADS oder ADHS haben, so kann man gezielt mit Therapien daran arbeiten. So sollten Erzieher dementsprechend geschult werden, um die Symptome von ADS und ADHS bei Kindern zu erkennen, denn sie haben die Möglichkeit, Kinder täglich bei freien Spielen zu beobachten und einem Verdacht nachzugehen. Je früher die Krankheit erkannt wird, desto besser und erfolgreicher kann sie therapiert werden, denn: „Setzt eine adäquate Behandlung schon frühzeitig im Kindes- und Jugendalter ein, scheint dies die Symptomatik im Erwachsenenalter deutlich zu verbessern" (Andrea Ludolph (2007) online)

6 Fazit

Die Diagnose „ADS" bzw. „ADHS" wird heutzutage zu fahrlässig festgestellt. Ob es nun daran liegt, dass die Kinder zu viel gefördert und unter Druck gesetzt werden, oder an vermehrt auftretenden Fehldiagnosen kann man nicht klar feststellen. Jedoch ist festzuhalten, dass definitiv zu häufig irrtümlich ADS beziehungsweise ADHS diagnostiziert wird. Treffen die Hauptsymptome während der Untersuchung des Kindes auf das Verhalten des Kindes zu, so wird in einigen Fällen fälschlicherweise vorschnell die besagte Krankheit diagnostiziert, ohne die äußeren Umstände wie Alter, familiäres Umfeld etc. zu berücksichtigen. Die Ärzte müssen diesbezüglich dringendst sensibilisiert werden, um weitere Fehldiagnosen zu vermeiden. Des Weiteren sollten großflächig viele bereits gestellte Diagnosen erneut überprüft werden, um ggf. Fehldiagnosen aufzudecken. Ebenso werden in Zukunft weitere Studien benötigt, um die Langzeitfolgen von Ritalin und ähnlichen Medikamenten zu ermitteln. Es stellt sich jedoch die Frage, weshalb die Anzahl der (Fehl-)Diagnosen in den letzten Jahren so massiv gestiegen ist.

Literaturverzeichnis

Barbara Galaktionow (2011) „Schon bei Kleinkindern werden Arbeitnehmer-Kompetenzen abgefragt". URL: http://www.heise.de/tp/artikel/34/34820/1.html (eingesehen am 10.12.12 17:24 MEZ)

Barben, Judith (2006): „Alarmierende Folgen von Ritalin".
URL: http://www.zeitenschrift.com/news/sn-14306-ritalin.ihtml
(eingesehen am 10.12.12 17:20 MEZ)

Barthélémy, Andrea (2012): „Ritalin-Langzeitfolge unbekannt"
URL: http://www.n-tv.de/wissen/Aerzte-fordern-Blutdruck-Kontrollen-article5352476.html
(eingesehen am 10.12.12 17:38 MEZ)

Blech, Jörg (2010): „Fehldiagnose Zappelphilipp".
URL: http://www.spiegel.de/spiegel/print/d-73388936.html
(eingesehen am 10.12.12 17:26 MEZ)

Bojanowski, Alex (2012): „Früh eingeschulte Kinder: ADHS ist oft Falschdiagnose".
URL: http://www.spiegel.de/gesundheit/diagnose/frueh-eingeschulte-kinder-adhs-ist-oft-falschdiagnose-a-836039.html (eingesehen am 10.12.12 17:23 MEZ)

Ludolph, Andrea (2007) in: Koc (2007): ADHS-Therapie: je früher, desto besser".
URL: http://www.bvdn.de/main/img_neuro.php?SID&datei_id=3359
(eingesehen am 10.12.12 17:51 MEZ)

o.A. (2012): „ADHS wird zu häufig diagnostiziert".
URL: http://aktuell.ruhr-uni-bochum.de/pm2012/pm00104.html.de
(eingesehen am 10.12.12 17:28 MEZ)

o.A. FasTracKids online
URL: http://www.fastrackids.com/de/programme/ (eingesehen 10.12.12 21:16 MEZ)

o.A. (2012): „Viele Fehldiagnosen bei ADHS".

URL: http://www.rp-online.de/gesundheit/familie/viele-fehldiagnosen-bei-adhs-1.2832715
(eingesehen am 10.12.12 17:29 MEZ)

o.A. URL: http://www.dctp.tv/filme/frueh-uebt-sich/ (eingesehen am 03.12.12 19:41 MEZ)

Smialowski, Brendan(2010): „Konzentrationsstörung ist oft nur Zeichen geistiger Unreife"
URL: http://www.zeit.de/wissen/gesundheit/2010-08/studie-adhs
(eingesehen am 10.12.12 17:34 MEZ)

Wolschner, Helmut (2010): „Definition: ADS/ADHS.

URL: http://www.dr-wolschner.de/ads-adhs/definition-adsadhs
(eingesehen am 10.12.12 17:21 MEZ)